JN409258

인생은
사랑이다

채운재 시선 70

인생은 사랑이다

청운 송종근 시집

도서출판 채운재

시집을 내며

인생은 사랑이다

"인생은 사랑이다"

이것은 내 카톡방 프로필 제목이다

언제부턴가 이 프로필 제목을 정해놓고 아직 바꾸지 않고 있다

이보다 더 좋은 어떤 말도 없기 때문이고 사랑 그 외에 어떤 말도 더 이상 완벽하지 않기 때문이다

사랑이 없는 삶, 무슨 의미가 있을까

그것은 곧 詩가 없었던 오랜 시간들, 그 먼지 나는 텁텁한 시간들이 그 만큼 답답하고 아쉬웠다고 할까

다시 맘속에서 항상 있었지만 표현하기 부끄러웠는지 감춰진 사랑을 또 끄집어내고 있다

거의 10년 만에 내는 두 번째 시집이다

사랑이 전부라고 생각하던 시절 그 풋풋한 시절, 밤을 새며 나와의 대화를 멈추지 않던 때

그때부터 내 詩는 씌워지고 있었다

사람으로 생활하면서 해야 하는 일들 속에서 가장 하고 싶은 일, 궁극적인 사랑으로 다시 거듭나면서 또 내 詩는 씌워지고 있다

산으로 가서 외치고 바다로 가서 외치고 세상 모든 당신들과 이야기 하고 싶은 것들이

한편 한 편의 詩로 모아졌다

능력이 된다면 많은 일과 많은 사람들을 사랑하며 살고 싶다

그래서 나는 그 소망이자 순수한 본능을 詩로 탈바꿈하고 있는 것이 아닐까

아니면 내 안의 온갖 욕망과 간구를 사랑이라며 詩로 정화 시키며 사는 걸까

아무튼 내 마음에 항상 머무르게 하고 싶은 사랑, 진정 그것이 있다면 난 언제나 행복하다

그래서 사랑은 내 인생의 전부이고 내 시의 전부이다

청운 송 종 근

CONTENTS

1부 너는 나의 아침이다

CONTENTS

2부 다시 나에게로

CONTENTS

3부 사랑을 옮기는 거

CONTENTS

4부 마지막 사랑 하나

1부
너는 나의 아침이다

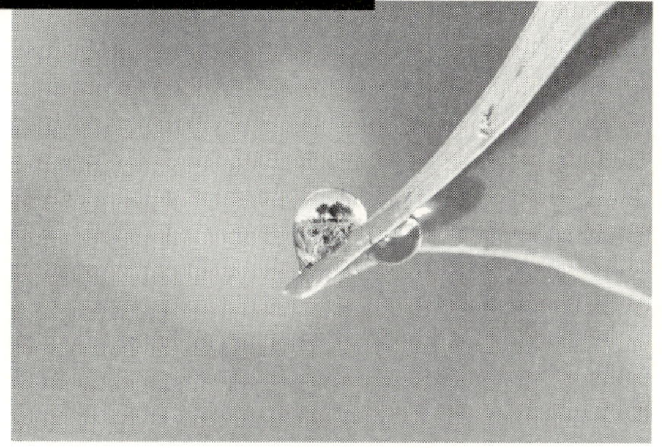

새벽 별

새벽을 여는 바람이
살며시 창문을 연다
하늘엔 아직도
잠 못 드는 초승달
그 옆에 토닥거리는 작은 별
귀엽게 옹알대고 있다
밤새 사랑스런 새벽 별
몇 해가 가도
크지 않는 조그만 꿈을
지금도 가슴에 안고
행복하게 반짝거린다

너는 나의 아침이다

새벽에 머릴 기대고 있다
아침에 떠오를 저 빛나는 태양을 그리며
일찍 뜨인 내 눈은 새벽을 걷어낸다
갈 곳이 정해진 마음은 온통 그때만을 주시한다
오늘 그 출발을 위해 신발 끈을 조인다
벌써 설레는 마음으로 널 향해 달려가고 있다
그렇게 너는 나의 새로운 시작이 된다
너는 나의 새로운 아침이다

안개꽃

입에 한 입 머금은 물을
햇빛 찬란한 하늘에 대고
푸 하고 품어 내면
제각기 수많은 신비한 꿈들이
영롱한 무지개에 실려 온다
그 어릴 적 하얀 꿈들이
지금은 그리운 숨결로
수만 가지 아픔으로 꽃 피어
송이송이 작은 눈물방울로
보일 듯 말 듯
뿌연 안갯속으로
하나둘 사라져 간다

텃밭

이제 새봄이 오면
텃밭이나 일궈야 쓰겠다
그윽한 흙 내음 맡으며
산에 진달래꽃 뒤로 하고
혼자서 상추나 배추 기르며
조잘거리는 새들 모이나 주면서
꼬리 치는 강아지 옆에 두고
쓸쓸하면 꽹과리나 실컷 울려야겠다
가끔 저 먼 아랫동네 내 외로움 알리러
꽹꽹.꾀굉 깽... 덩시렁 덩시렁...
오늘은 실컷 춤을 추자
누가 보는 이도 없으니
요놈 강아지랑 뒹굴며
쾌지나 칭칭 나네
저 새들과 날아보자

벚꽃

지난겨울 추억들을
벌써 잊기가 못내 아쉬웠던지
텅 빈 겨울을 그냥 보낸 것이
너무 속절없어 서글펐던지
온갖 추억이 모두 제 것인 양
설운 마음이 모두 제 것인 양
저만치 건너온 봄의 한가운데서
저만 혼자
머리에 희고 연분홍빛 눈꽃 치장하고
미친 듯이 예쁜 듯이
며칠이고 그대로
흐드러지게 고개 쳐들고 멋을 내다
갑자기 꽂히는 수많은 시선들이 부담스러워
그때서야 제정신으로 부끄러이 돌아와
밤새 옅은 봄바람에
수줍은 늦바람 하얀 눈꽃들을
천지로 날려 보낸다

당신

당신이 가르쳐 준 대로만 하겠습니다
너무 잘하려고도 하지 않겠습니다
당신의 힘을 빌려 이루려 하지 않겠습니다
그냥 최선을 다해 가겠습니다

당신이 주신 대로만 받겠습니다
헛된 꿈은 보지 않고
주어진 복대로 감사히 살겠습니다

눈앞의 이익만 보지 않고
불안과 걱정은 담대하게
묵묵히 가진 듯 안 가진 듯
뒤돌아 한숨지어도 앞에선 듬직하게 웃겠습니다
지금까지 꿋꿋이 견뎌왔듯
또 견디어 갈 것입니다

분명히 알고 있지요
당신은 절대로 사랑하는 저를 버리지 않는다는 것을
저 또한 당신을 절대로 떠나지 않는다는 것을

불

불타고 있다
세상의 한 모퉁이에서
몰래 홀로 꿈꿔왔던 밤이 타오른다
밤마다 별을 보며 공들여 쌓아온
거대한 나만의 성이 무너지고 있다

목숨처럼 지켜온 사랑이
불 속으로 뛰어들고 있다
훨훨 불나비가 되어
스스로 불태우며
상이한 운명을 흠모한 죄
시시한 삶은 차라리
시뻘건 불의 마지막 축제에서
한 번의 꿈으로 사라져 가라

불은 꺼져간다
열정인 듯 타다가 스스로만을 태우고
검은 잿더미로 사라져 간다
욕망을 다 태우며 끝까지 자학한다

눈물

눈물이라도 흘려야 살 거 같으니
네게 무엇을 줄 수 있으랴
사랑하여도 그리 외로운 건
우리 사랑도 완전한 게 아니었으니까
이 세상 어디를 가야
마음 쉴 곳 있겠는가
외치고 외치며 이 외로움 떨치려 해도
그대 외로움 어찌하리오
나의 외로움 어찌하리오
그저 굳건히 살아가
마지막 그 날까지
사랑이란 믿음으로 버텨가세
저 하늘 어딘가에 숨어 있을
행복이란 뭉게구름 그곳으로 떠나갈 시간 동안
더 이상 울지를 마세
언제 다시 저 꿈을 볼 수 있다면
더 이상 울 필요가 없네
그러니 그만 눈물을 멈추고
각자의 새 삶을 또 시작해 보세

흐르는 음악처럼

외로움이 짙어지면
흐르는 음악 따라
먼 곳으로 여행을 떠나보세
이곳저곳 무지개 음악 타고 훨훨
마음 가는 대로 자유롭게
저 높은 구름 걸친 산자락도 가보고
저 넓은 바다 너머 신기루 섬도 가보고
먼 옛날 어릴 적 꿈도 만나보고
먼 훗날 내 포근한 보금자리도 꿈꿔보고
리듬에 맞춰 박자에 맞춰
내 자유로운 머릿결 흔들어 보세
슬픈 음악을 들으며 서로의 아픔을 공유하고
기쁜 음악을 들으며 사랑의 기쁨도 노래하고
지금의 슬픔으로 인해 더 이상의 아픔이 이어지지 않도록
음악을 들으며 슬픈 기억들을 하나씩 지워나가세
음악을 들으며 새로운 힘과 용기를 일궈나가세
흐르는 음악처럼 자연의 섭리대로 살아가세

아카시아

고양이같이
축 늘어져 게으른 잎새
짙은 향기
발정 낼 땐 언제고
이젠 그저
눈치만 살살 보는
늙은 몸뚱어리
세월을 품었는가
정녕 아쉬운 꽃 몽우리
잔바람에도 흔들거린다
한 세월
참 향기로워구나

자연과 사랑

자연에 부끄럽지 않은
사람이 되어야 함이
자연 속에서 아름다운
사람이 되어야 함이
자연과 뒹구는
사람이 되어야 함이
최고의 사랑
최고의 행복이 아니겠는가

봄 꿈

아직도 꿈이 있어
가슴 설렌다
산고의 고통처럼
오랜 진통으로 진땀 흘리며
산을 넘고 바다를 건너
지독한 역경 후에야
하나의 기쁨을 얻듯
꿈은 그때서야 새로이 비추인다
때 묻지 않은 순수의 자연
모든 영겁의 우리네 사랑
봄은 또 하나의 완성의 시작
내 영혼은 다시 뭉게구름 타고
높은 산을 훨훨 넘어
너른 바다를 날아다닌다
내게 꿈이 남아 있어
아직도 모든 게 다시 눈부시다

남산의 봄

그해 봄
남산으로 가는 버스 안에서
출렁이는 손잡이에 매달린 첫사랑
그 환한 미소에
내 눈은 기쁨으로 넘쳐있었다

계단을 오르며
연인들이 즐기는 가위바위보
첫사랑이 가만히 멀어졌다
불안한 느낌으로 손을 잡고
솜사탕에 얼굴을 마주한다

식물원 나무 숲 속에서
맑은 공기 속
사랑의 그윽한 향기
큰 눈동자가 날 끌어드린다

비탈진 내리막길을 내려오면서
그 짧은 사랑의 향취가
너무 쉽게 사라져 가
신기루처럼
한 번의 꿈으로 흩어졌다

그 허무한 첫사랑이
오랜 후에 다시 찾은
남산에서
새록새록 그리움으로 꽃피어
봄눈으로 가득한
내 님의 얼굴로 다가들고 있다

어딘가에 있을 밤하늘 천사에게

술 한 잔에 밤이 깊을 때
누군지 모르게
밤하늘 천사를 부르고 싶습니다
아마도 먼 그곳
우리 마음이 닿지 못하는 그곳에
있을 당신은
이 목마른 심정을
헤아려나 주실까요
우리가 서로 사랑한다 하면서도
내 것을 소유할 수밖에 없는
삶의 현실이
참으로 슬프고 외롭습니다
그러면 당신은
이 비참한 우리에게
무엇을 바라고 요구합니까
사랑하라 하면서
진실로 사랑하라 하면서
우린 사랑하자면 너무나 많은 것을
잃어야 하는데
그리고 그 마음을 같이할 사람은
내 벗은 모습을 아름답게 보기보단

불쌍타 하고 돌아서는데
우린 어떻게 서로를 사랑해야 합니까
어딘가에 있을
밤하늘 아름다운 천사여
이젠 어서 와
우리가 사랑하는 방법을 가르쳐 주소서
참으로 목마른 우리에게
진정한 사랑의 방법을 가르치소서

꽃

정녕 아름다워 보이고 싶은가
현혹스런 몸짓으로
약한 척 하늘거리는
백치 같은 호들갑이여
유혹으로 생겨났나
가까이 맞대면 향긋한 젖 내음 흘리고
멀어지면 슬퍼 우는 작고 여린 꽃이여

상처

상처는
딛고 일어서야 하는 인생의 디딤돌
눈물은
흘려보내야 하는 세월의 기억들
아파도 꿰매야 하는
우리의 상처
그 애증의 디딤돌을 놓고
가끔 넘쳐나는
저 인생이란 깊은 개울을
무사히 건너가야 한다

소

저렇게 단순히
죄없이 살아갈 수 있다면
세상은 얼마나 평화로울까

맑고 순하게 큰
마치 아기처럼 티 없는 눈
어그작 어그작 여물 씹는 큰 입은
무우 싹둑 베어 문
우직하게 나이 든
시골 아저씨처럼
별로 말이 없다

우둔한 사랑 덩어리....

삶의 한가운데서

어떤 희망으로 시작되었나
내 삶의 탄생은
어릴 적
넘나드는 꿈과 현실의 중도에서
항상 방황하던 아름다움은
이제 막연히 사라지고
무엇이 옳고 그른지를
결국 알지 못한 채
여기까지 왔는데
길었던 시간 가운데
가끔 천둥 같은 아픔이 슬펐지만
끝까지 지켜가는 소중한 것이
아직 마음속 깊이 항상 있었기에
그때마다 하늘을 우러렀고
지금도 밤마다 꿈꾸는 환상으로
내 베개를 웃으며 적시는 눈물
그래 난 아직도 살아있다
거센 비바람 뒤 무지개 같은 광경일지라도
난 끝까지 남아 그걸 보리라
누가 뭐라 하더라도

연기

연기를 하듯 살아가자
아파도 웃음을 연기하고
슬퍼도 기쁨을 연기하고
어릴 적 나를 연기하며 재롱을 떨자
사는 것은 힘들지만
서로 사랑하고 돕는 것을
배우처럼 연기하자
웃는 것도 힘들지만
다들 불쌍히 여겨 어루만지듯
다정스런 웃음을 연기하자

사랑

사랑이 없으면
우린 아무것도 아닙니다
사랑은
나보다 당신을 더 사랑해서
내 아픈 상처가 힘들어도
슬픈 기색도 안보이고
내가 아무리 아파도
그대가 조금만 아프면 난 가슴이 미어집니다
사랑은 나보다 당신을 더 돌보니까요
그대가 아무리 날 버려도
난 그대를 한 번도 버리지 못합니다
그대를 용서할 수 없는 일이 있어도
내가 용서할 수 있을 때까지 그댈 볼 수가 없습니다
행여나 그대 앞에서 내가 등돌릴까봐
난 그때까지 묵묵히 멀리서 혼자 괴로워하겠습니다
그대를 용서하지 못한 내가 용서받지 못한 아픔을 이겨내고서야
기쁘게 그대에게 다시 돌아오겠습니다
그렇게 사랑은 한 번도 당신을 버린 적이 없습니다
내게 사랑이 없으면
난 이 세상을 하루도 살아갈 수 없으니까요

2부
다시 나에게로

사는 의미

사는 거에 어떤 의미가 있는가
사람은 이름을 남기고
호랑이는 죽어서 가죽을 남긴다 하지만
그 이름을 남기는 자 얼마나 되고
그들만이 사는 의미를 가졌겠는가
그저 잘 사는 의미는
이웃과 항상 화목하게
어려워도 잘 참고
화가 나도 목소리를 낮추고
잘났어도 잘난 체 하지 말고
부자인 체 하지 말고
못 배운 자 이해하고
두루두루 사랑해 주며
정도를 벗어나지 말고
평범히 살다 가는 거
그것이 진정 사는 의미가 아니겠는가

뛰자 뛰어

뛰자 뛰어
그 달콤했던 기억이 희미해질 때까지
그 아픈 기억이 지쳐 닳아질 때까지
그저 아무 일이 없었던 것처럼
무덤덤하게 뛰어가자
뛰자 뛰어
다른 아무런 생각도 없이
다른 아무런 기대도 없이
그냥 혼자 뛰어가는 거다
행여 또 하나의 헛된 인연으로
서로 마음을 전하지 말자
그러기엔 너무 좁고 험한 여로
또 하나의 상처만 남을 뿐
그냥 앞만 보고 뛰자 뛰어
누가 붙잡으면 홀랑 다 벗어 주고
저 먼 곳으로 그냥 혼자 뛰어가는 거다

친구야

그리운 친구야
먼 기억 속에서 찾은 친구야
길고도 험한 인생길을 오다 보니
아니 그보다
내 보잘것없는 삶을 위해 널 소홀히 했던
지난 시간이 너무도 속절없고 미안하구나
지금 어디서 무얼 하니
잘살고 있는 거지
차마 묻질 못하겠구나
지금이라도 그 옛날로 돌아갔으면...
그때 그곳으로 가면 널 찾을 수 있니
너의 어머님은 아버님은..
아! 슬프구나
아! 한탄스럽다
친구야 보고 싶구나...
이번 새봄이 오면
네 살던 그곳으로 가 한번 찾아가 보마
우리 놀던 그 놀이터로 가 그 흔적을 한번 되새겨 보마

나의 전쟁

항상 아픔이 있었다
어느 길을 걸어도
가끔 하늘이 무너지고 땅이 솟았다
처음 이별은 가장 큰 슬픔이었고
이별은 반복되었다
또한 커다란 배반이 있었다
참으로 고통스럽고 길고 긴 길은 끝나지 않는다
항상 아픔의 모든 근원은 사랑의 부재였다
사랑이 없는 이들의 온갖 죄에서 비롯되었다
그것은 질기고 질긴 생명력을 지닌
우리의 업보이고 굴레였다
가끔 이 전쟁을 끝내고 싶다
죄와의 길고 긴 전쟁은 끝나지 않고
포기할 수도 없다는 것이
마지막 우리의 슬픔이다

들꽃

돌아보면 아쉽고 서글픈 인생길
쉴 새 없이 다가들던 매서운 바람들
고달픈 길가, 길가마다에
그래도 들꽃은 아랑곳없이 서 있었다
그렇게 예쁘지는 않지만
참으로 정답고 따스하게
여기저기 아름드리 서있었다
지금은 그 들꽃을 보고파도
어디를 가야 하나
어디고 있던 들꽃들이
이젠 어디를 가면 볼 수나 있을까

그분

길을 헤맬 때
누굴 불러 보고 싶을 때
곁에 아무도 없으면
예전에 있었던 그분을 떠올리세요
내 마음속에 사랑이 있다지만
정작 누구에게도 주지 못하고 망설일 때
그분의 실천을 떠올리세요
길이 없어도 빛이 보이고
혼자 있어도 외롭지 않은
뜨거운 내일을 볼 수 있어요

바람

외로움을 참지 못하여
한 줌의 사랑을 구걸하러
스스로 역마살을 끼게 하였다

너무나 폭폭한 가슴 열 길 없어
어머니가 짜주신 융단 옷을 벗고
산으로
강으로
바다로
들로
제 꼬리마저 끊고
서러운 울음이 되어
어디에고 너의 뒤만 쫓아다녔다

그렇게 난 바람이 되었다
외로움으로 울부짖어도
외로움 때문에 결코 죽지 않는
자유로운 바람이 되어
오늘도 너의 아픈 상처를 어루만진다

그대의 얼굴

사랑하는 그대의 얼굴은
세상천지와 같습니다

그대의 이마는 넓고 푸른 하늘이고
눈썹은 새벽 초승달이며
눈은 청정한 바다처럼 깊고 맑아 빠져들고
콧날과 볼은 아름다운 산과 숲이요
입술은 유유히 흐르는 강물처럼 부드럽습니다

사랑하는 그대의 얼굴은
우리나라 사계절입니다

그대의 이마는 따스한 봄날 햇살 같고
눈썹은 여름 해풍처럼 시원하고
눈과 코는 가을 하늘처럼 맑고 높으며
볼은 홍조 띤 단풍처럼 발그스레 부끄럽고
입술은 추운 겨울을 포근하게 녹여줍니다

이렇게 사랑하는 나의 여인은
모든 세상을 가진 행복한 얼굴입니다

다시 찾기

잃어버린 추억
깨진 관계
어릴 적 친구들
헤어진 사람들

다시 찾아보고 싶고
다시 만나고 싶고

남은 인생길에서
다시 만난다면
서로 헤어지지 않고 잘 지내고 싶은데

잃어버린 그들을 다시 찾기
잃어버린 나를 다시 찾기
과연 그게 가능할지

그대

바람이 머무는 곳
나의 그대

그대 바람으로 떠나갔지만
난 아직도 바람이 되지 못하고

다시 몰아칠
그대 바람을 기다리며
오늘도 이 자리를 떠나지 못한다

다시 나에게로

저 먼 구름으로
저 기나 긴 강물로
그 고운 꿈은 흘러가고
남은 슬픈 추억이
눈 부신 태양 아래 아름다워
또 한 번 가슴 아프네

어느 꽃보다도 아름답고
푸른 산천보다도 신비스럽던
내 사랑 내 사랑아
너를 지키지 못했구나

이제는 돌아가자
처음 홀로였던 나에게로
나를 지키는 나에게로
진정 다시 나를 사랑하는 나에게로
모두를 사랑하는 나에게로
그리하여 다신 절대로
너를 놓치지 않는 나에게로
다시 돌아가 시작하자

하늘

당신이 지켜주지 않으면
누가 절 지켜줍니까

길을 걸을 때나
산을 넘을 때나
강을 건널 때나
그리고 세월이 거꾸로 흘러갈 때나
당신이 아니면
어느 누가 절 이끌어 줍니까

가득한 것을 전부 다 잃고
칠흑같이 어둔 밤
보이지 않는 당신을 향해
맥없이 주저앉아 서럽게 밤을 지샐 때

그래도 당신이 없으면
전 어떻게 홀로 슬퍼합니까

산

산은 영원히 살아 있다
조용한 하나의 커다란 세상
모진 세월을 꿋꿋이 견뎌낸
의인의 굳센 의지가 만들어낸 모습이
도처에 숨어 있다
저 깎고 깎여 서럽던 절벽은
처절히도 인내한 수절녀의 혼이 서려
이젠 반듯하니 그 빼어난 미모와 기품을 뽐내며
후세에 그 이름을 남기고 있다
그 안에서 숨 쉬는 고목들과
계곡을 휘감아 스미는 바람
조잘거리는 온갖 새들과 벌레 울음소리
졸졸거리며 끝없이 샘솟는 생동의 물줄기
거기에 우리의 온 생명이 있다

바다

땅 내음이 싫을 때
바다로 왔다
치열한 태양 아래
풀 먼지 나는
메마른 땅 위에
마른 꽃들이 뒹구는 것을 보고
솟구치는 역겨움을 부둥켜안고
부리나케 바다로 달려왔다

여기 바다는
항상 마지막 길이 되고
바다는 날 처음으로 되돌렸다
난 그런 바다를 믿는다

파도

뭍이 그리워
애타던 바다는
마침내 파도가 되기로 했다
파도가 되어
끝없이 육지로 다투어 오다가
때론 밤에 몰래
허연 그리움을 토해냈다
그러다 너무 애가 달면
그 큰 몸을 일으켜 덮쳤다
그리곤
기다림은 더 이상 사랑이 아니라며
밤새 울고 또 울다가
그토록 오랜 목마름이 하늘까지 치솟아
거센 비바람으로 온 천지를 뒤덮었다

아픔

아직 아픔이 있다는 건
사랑이 남아 있다는 것

사랑해서 아픔을 주고
아파서 사랑해야 하고
사랑과 아픔은 같이 있는 것

살면서 우린 사랑해야 하고
사랑할수록 더 아린 가슴은
이미 피할 수 없는 우리의 숙명
그냥 부둥켜안고 살아가는 모습이
우리네 삶

오늘도 허전한 이 마음은
누굴 위해 아파하지 않았기 때문
가슴에 눈물을 머금으며
사랑을 느끼며 살아가세

제주도

세상의 원칙을 벗어나
추상으로 그림을 그린
자유의 섬
인간 세상의 틀을 벗어버린
제멋대로 아름다운 신비의 섬
삶을 위한 양식의 땅이 아닌
태초 그대로의 모습을 지닌
아담과 이브의 고향
언제나 가고 싶은 곳

성산 일출봉

바다는 육지를 그리워하고
육지는 바다를 사랑하고
성산 일출봉은
그런 바다와 육지를 보고 즐거워하고
그렇게 밤새
서로를 그리워하고 사랑하고 즐거워하다
하얀 동이 틀 무렵
빨갛고 커다란 늦둥이를 낳아버렸다

바다 · 2

하늘을 보면 바다가 보인다
바다를 보면 하늘이 보인다
하얀 비단 구름 아래
바다는 파도가 되어
내 안으로 밀려온다
다가와도 다가와도
가만히 대답 없는 나에게
바다는 훤히 가슴 속까지 드러내 보이며
한없이 포옹하려 든다
끝까지 사랑한다면서도
바다는 아무런 말을 하지 않는다
그저 끝없이 다가올 뿐
벙어리 냉가슴이
그렇게 뜨거운 것임을 알면서도
다만 다가들며 어루만질 뿐
말을 하지 않는다
바다는 하늘처럼
결코 말을 하지 않는다

해녀

너른 바다 위에 작은 해녀들
점 하나둘, 셋...
동그란 검은 머리
옹기종기 정답다

세월의 주름처럼
겹겹이 밀려오는 파도
저 작은 점들을 넘나들며
바다는 오늘도
그들의 삶을 품어준다
하늘 아래 지구처럼

3부
사랑을 옮기는 거

인생은 물

살아갈수록
혼자서 눈물짓는 일이 많아지네
물 흐르는 대로
살아왔건만
가슴 먹먹한 일들이 생겨나고
내 눈물 흘릴 일 끝나니
자식 놈 땜에 울고
사랑 놈 땜에 울고
부모님 땜에 또 울었네
물로 태어나
물로 울고
울다가 가는 인생길
저 흐르는 강물도
저 내리는 빗물도
커다란 하느님 눈물로 보이네
우리가 울면 하느님도 우시나 보네

미인

어떤 자연이 이보다 아름답고
어떤 그림이 이만큼 완벽하고
우주에서 이 지구가 빛나는 이유가
그대 환한 미소 때문인가,
아님 외계에서 몰래 건너온
사람처럼 꾸민 화사한 미모인가

꽃도 아닌 사람이
이다지 혼미한 아름다움으로
나긋나긋 움직이며
숨 쉬는 입김은 어떤 향기일까
이마는 넓은 우주 같고
눈은
바다처럼 크고 깊어
그 고운 얼굴 안엔
온 세상이 다 모여 있네
이 세상, 사랑이 전부인 걸 아는
그대의 귀여운 입가엔
언제나 행복한 미소로 윤기가 흐르네

술

너무 머리가 아프면
그 고통을 나누어
밑으로 흘려보내자

결국 혼자인 것을
적절한 힘으론 정답지 못하는 지금
갈 곳마저 잃었을 땐
그래 너의 힘을 오늘도 빌리자

하지만 어느 순간에
너마저 받을 수 없는
완전한 자아로 남겨질 땐
정말 정말 떠나간 그대가 있어야 했다

사는 게 이다지도 힘이 들어
한 잔 차가운 술로
검은 머리를 푼다지만
이 찌뿌드드한 두 눈덩이는
그대를 본지 한 해가 넘어
웃을 줄 모른다

사랑 없는 삶은
이렇듯 한 잔 술을 부여잡고
취할 줄을 모른다
취할 줄을 모른다

사랑에 대하여

이제 사랑을
다시 말하지 않기로 했다

참고 참다가
기다리고 기다리다가
그냥 말없이 눈물만 흘리기로 했다

이젠 그래야
사랑이 다시 시작되니까
긴 아픔 뒤의 사랑은
깊은 인내의 눈물로 천천히 시작되니까
아파본 사람만이
진정 사랑을 아니까

사랑을 옮기는 거

사랑을 옮기는 거
정말
산 하나를 옮기는 거네

널 떠나는
내 아픔보다
남아 있는 네 아픔이
아직도 너무 걱정이 돼

그러니 울지마
제발 날 부르지마
네 목소리 하나하나가
허우적대는 죽음의 소리 같아
네가 먼저 떠났지만
이제야 떠나려는 내가
아직도 널 너무 걱정해

순수의 아픔

그대들은 아는가
처음 순수한 가슴을 베인 깊은 아픔을
이제 막 태어난 갓난아기의 울음처럼
기쁨과 아픔이 교차하는 순간에
이미 내 삶은 끝나간다
순수는 죽어간다

어른이 된다는 것은
참으로 어리석은 일
하나를 잃고 또 하나를 얻는 일
잃은 것은 절대 돌아올 수 없을 것
하지만 새로 얻은 것 또한
잃기 쉬운 것
잘못하면 모든 것을 잃는 일

수만 년이 똑같이 흐른 것처럼
변하지 않는 우리가
이제는 꿈꾸기조차 어렵고
영혼은 쉬어갈 곳을 모른다

순수를 잃고 사랑하기란
사랑 없이 사는 것처럼
정 없고 덧없다

가슴이 아파

이 세상 온갖 사연
하나의 작은 사연도
난 가슴이 아파
이 아름다운 자연 속 세상에
우리네 인간사 우여곡절
어느 하나도 다 눈물겨워
왜 우리는 눈물 속 사랑을 하라고
왜 우리는 아프며 살아가는지
그래도 그저 감사하며 살아야 하는
땅 위에 태어난 머리 달린 사람들
여린 사람들에겐 힘든 여정
그래도 웃으며 사세
허허 웃으며
모든 걸 감싸 안으며
할 수 있는 한 사랑을 주며
행복을 누려가세
열심히 살아가세

인연

한 사람
한 인연

우리가 가지려는 삶
진정한 인연의 삶
고귀한 인연의 삶

스쳐 가는 온갖 바람이
그저 반가운 나는
언제나 행복하다

우리는

보내면
아픈 줄 알면서
등을 돌리는
우리 세상

버리면
힘들 줄 알면서
모른 체하는
우리 세상

속이면
괴로운 줄 알면서
거짓 사랑하는
우리 세상

배신하고
외면하고
탐욕스런
우리 세상

우린 참으로
어리석고
마음 나쁜
사람들이다

모두 다 함께

봄꽃같이 귀엽고 사랑스런
모두 다 아들딸 같은 청소년들아
너희 중 누가 불우하건 누가 부유하건
누가 재능이 있건 없건
너희 생김새가 다 똑같이 아니하여도
우리에겐 다 똑같은 청소년들아
너희들 얼굴 각자 각자엔
얼마나 기특하고 자연스런 순수함이 보이는가
자연은 순수한 너희를 좋아하고 보호하며
너희는 그 순수한 자연과 참 잘 어울린다
그런 너희는 자연이 서로 어우러져 공생하듯
너희도 서로서로 사랑하고 보살피는 것을 배워
모두 다 같이 함께 하는 학교생활 속에서
스스로 자기 안에 따스한 사랑을 만들어가는 용기와
이해와 덕망을 키우는 긍정의 지혜로운 힘으로
항상 밝고 아름다운 마음을 다지며
진정으로 긍지 있는 학창시절을 보내거라
가장 많이 사랑하는 자가
가장 크고 넓은 인생을 살아가는 것임을 알고
오늘도 꿈꾸는 청소년들아
사랑을 배우며 사랑을 실천하는 멋진 사람이 되어

서로를 이끌어가며 모두 다 함께 가는
이 세상의 주인공이 되어라

발톱

삶이 바빠
널 돌볼 시간도 없이
지나온 시간
때가 끼고 볼품없이 길어졌구나

이유도 없이 있었고
사랑 없이도 자라나고
어떤 생각도 없이 매일 씻긴다

보이지 않는 마음처럼
숨겨져 키운 헛된 꿈이던가
잘라도 끝없이 자라기만 하는
부질없는 삶의 덧없는 꿈이여
그런 나 같은 발톱이여

사랑을 알면

이제 쓸쓸하다고 우는 것은
절대로 바보가 아닙니다
지금 그대가 고독한 것도
절대 감상적이지 않습니다
그대는 진실로 사랑할 줄 알기에
약하디약하게 외로워하다가
나중엔 커다란 슬픔도 견디어내고
언젠가는 창연한 무지갯빛으로 떠올라
사랑을 아는 사람들과
아름답게 이야기하며 지낼 수 있는 특권으로
지난날의 고독을 음미할 것입니다
우리가 허식을 버리고
부질없는 욕망마저 서슴없이 벗을 때
삶은 얼마나 정답고 아름다운 것인지
착하고 올바르게 살아온 그대는
결국 알게 될 것입니다
우리에게 가장 필요한 것은
사랑의 올바른 이해입니다
그리하여 서로의 아름다움을 지켜주는 것이
바로 진정한 사랑입니다

사랑 · 1

사랑은 서로 찾지 않아도
절로 만나지는 인연

사랑은
처음 눈으로 이미 그대를 아는 것

사랑은
무의식 속에서 그대를 찾는 것
살아가는 이유가 되는 것
혈연이 되는 것

그리고 처음부터
말보다 먼저 사랑을 배우는 것
한 치 부끄럼이 없는 것
자연처럼 일생을 변치 않는 것

홍어

홍어
푹 삭혀야 제 맛이다

미련도 없이
철저히
스스로 삭히는 게
너의 삶이었냐
너의 사랑이었냐
아님
너의 전부였냐

서로 사랑하기

우리에게 슬픔과 눈물이 있는 건
그 아픔으로
서로 사랑하라 하는 것

우리가 살다가 죽어야 하는 건
그 시한부로
죽을 때까지 서로 사랑하라 하는 것

우리가 혼자 살기 어려운 건
그 쓸쓸함으로
서로를 찾아 사랑하라 하는 것

우리가 한 나라에서
한 민족으로
하나의 언어로 살아가는 건
결국 모두가 하나의 마음이 되어
서로서로 사랑하고 있다는 것

이렇듯
우리는 태어나 죽을 때까지
서로를 위해 사랑하고 살아가야 한다는 것

한강을 거스르며

강물 따라 거스르는 추억의 길
시작과 끝이 같아진다

한강 변 불빛들은
다 초롱초롱한 눈망울로 흔들리고
주마등처럼 스치는 찰나의 시간
벌써 지난 역사가 되고
우리는 오늘도
매일 시끄러운 분쟁을 계속한다

어차피 인생길은
온갖 고통을 겪은 후에야
행복이 뭔지도 알지 않은가

한강을 거스르며
다시 잃었던 저 꿈이 보인다면
그것이 또 꿈일지라도
그걸 붙들고 절대 놓지 않겠네

바닷가에서

바다에서
그냥 바닷물에
끝없는 아무것도 없는 바다에서
좁아진 마음이 다시 열려 진다

마음아
마음아
어디로 갔느냐
마음은 어데 가고
추잡한 몸만 남아
바다에 왔구나

바다 너머를 그리워하던 시절이
그리운 지금
너무도 숨 가쁜 지난 세월과
너무도 가여운 생활이
속고 속이는 안타까움 속에서
가슴 저리고
그 가슴 저린 향수가
다시 이 바다에서 되뇌이고
거의 잊혀진 그리움의 근원을 찾아서

다시 가고픈
마음아 마음아...
다시 얻고픈
마음아 마음아.....
내 아름다운 마음아...

겨울 산에서

겨울 산 오후 회색빛 하늘 아래
손아귀에 잡힐 듯 허연 사랑의 자국들이
조금은 슬픈 그림이 되어
천천히 하늘로 사라지고 있다
아직도 새로운 얼굴을 볼 때마다
덜컹 풀리는 가슴의 사슬
지금도 내 눈은 치열한 삶을 거부한다
얼음 사이로 졸졸 흐르는 개울이
자꾸 울음이 터질 것 같은 눈동자를 삼키고 있다
어른들이여 어이해 슬픔을 배웠는가
다시 태어나지 않으리라
이 척박한 그리움이 치미는 곳에서는
희뿌연 사랑만이 떠도는 곳에서는
다시 오지 않으리라
아들아 너는 결코 배우지 말아라
허망한 슬픔과 너무 강한 완고함을
내가 언제나 생각하고 심어주고픈
넓은 마음과 커다란 사랑을 지니고
지금처럼 활달하고 사랑스런 기품으로
주위에 기쁜 감사의 세상을 이루어라
자연은 거의 변하지 않기에

아마 너를 보듯이
이 숲은 항상 신선하기에
깔깔대는 웃음이 너무나 좋다
내 사랑아...

내 꿈

그 날이 올 때
당신은 오색 빛 꽃바구니 옆에 끼고서
내 허리 꼭 껴안고
입가에 그윽한 미소 머금으며
저 구름 위로 오를 것입니다

지금은 한숨과 눈물로
숱한 밤을 지새우지만
난 영원한 꿈을 지닌 채
당신을 기다릴 수 있습니다

처음 당신은 제게
오직 기쁨만을 주어
뒷동산 언덕길을 신나게 뛰어오르고
끝없는 들판을 마음껏 돌아다녔습니다
그때는 모두가 친구이었고
모든 것이 향기로웠고
어떠한 두려움도 없었습니다

언제부턴가
슬픔이 스미고
아픔이 아려오면서
두려움이 생겨났지만
난 기필코 처음 그곳으로 돌아가렵니다

아! 난 다시
어린아이가 되려고 합니다
부끄러움 없이
한 어린아이가 되어
다시 한 번
그때 그곳을
마음껏 뛰고 또 뛰어다니고 싶습니다

사랑이 다시 오니

사랑이 다시 오니
내 호흡은 다시 안정을 찾네

숱한 날을 애타게 헐떡이며
밤마다 목 타는 사막을 헤매다가
불현듯 눈앞에 나타난 오아시스
훌쩍이는 사랑의 신음소리
나보다 더 아픈 고통의 몸부림
내게 아직도 줄 사랑이 남아 있구나
줄 수 있는 그대가 있어 행복하구나
그대가 있어 숨통이 트이는구나

사랑이 다시 오니
내 아픔은 또 시작되네
하지만 그 아픔이 있어 난 행복하네

4부
마지막 사랑 하나

사랑가

사랑하지도 않고
그대를 안다는 것은
커다란 죄악

별처럼
눈처럼
해처럼
눈부신 영혼으로
모두와 이야기하고프다

삶이 주제가 되어지지 않고
단지 꿈과 희망만으로
이해와 사랑으로서
모두와 벗 삼고 싶다

가끔 바보라 불리더라도
또 너마저 날
소외시키며 가더라도
이 세상이 서러운 슬픔으로 다가와
날 다시 아프게 하더라도
묵묵히 사랑으로 대해 가리라

마지막 사랑 하나

세월이 흘러
아픔과
잊지 못하는 미련과
살아야 하는 마지막 사랑
그 위에 다시
처절히 꽃피는 그대

무엇이 이토록
마지막까지 치닫게 했음은
이 세상 어느 누구도 알지 못해
허허 웃으며
부딪는 술 한 잔

이미 갈 것은 가고
남아 있는 하나
그것은
마지막 그대
내 영혼이여

호숫가에서

너의 흘러가는 곳은 어디
비가 내릴 때
목마름은 더욱 짙어져
목이 터져라 울고픈 마음
주섬주섬 안으로 집어삼키고
천만년 한으로 내려온 인간의 도리
굳게 지켜 가는 한울타리

가슴이 작은 많은 사람들
분홍빛 추억 머리에 두르고서
오색 물든 꿈으로 젖어와
짙은 물안개에 저민 가슴 풀어놓고
이제껏 이루지 못한 사랑 하나
건지고파 숨죽여 우는데

한때 홀연히 거역했던 땅과
거역했던 하늘 아래
깊이 채워진 마음으로
새벽바람 밀리는 호숫가에 와
조금씩 잘게 부서져 가는 물결을 보며
지난겨울도

이곳을 배회했던 꿈의 자락들이
다시 내 안에 파닥거리면
잊혀진 어린 추억이 희망으로 되살아 오려나

처음 그 날의 일기처럼
꿈결처럼 고운 바람 빰을 스쳐 가면
저기 호수 너머 뭉게구름 밑
태초의 향기로운 바람 보내준
언제나 푸르른 평야
그 고향에
난 정말 다시 돌아가고 싶어라

너로 인해 존재하는 아픔

타오른다 타오른다
저 밤하늘에 낙오된 유성처럼
떨어지는 외줄기 눈물로

아파도 아파하지 마라
슬픔이 현존하는 비극을
또 초래하지 말자

사랑은 저 도시의 불빛처럼
절대로 화려하지 않은 스치는 바람일 뿐
그걸 축제로 탈바꿈하지 말자

쓰러지지 않는 비극
그 실존의 빛나는 아침
그 오늘을 걸으며 너를 껴안는다

너로 인해 존재하는 아픔
나의 인내는 널 꽉 깨물고 싶다
어차피 인정되지 않고
또 기다리며 이해하지 않는 너
그 너를 꽉 깨물고 싶다
그것이 현재의 내 눈물이다

난 이제 그 이유를 알았다
그 아픔이 왜 끝까지 절대로 가시지 않는지를
왜 그 사랑이 끝까지 날 괴롭히는지를
그것은 그 아픔이 사랑이라는 것을 알았기에

붉은 장미

무엇이 그리도 애타게 그리워
온몸을 붉은 피로 터치어 물들였는가
세찬 바람에 수없이 아파 울던 가슴이
이제는 감당치 못할 고통이어서
아예 시뻘건 피로 되어 버렸나
그리움에 사무친 영혼으로
죽도록 세속의 사랑만 갈구하던
부드럽고 맑은 핏빛 눈망울

철새

나는 움직인다
마음이 닿는 곳으로
몸이 추운 곳을 떠나
마음이 따뜻한 곳으로
누가 부르면
철새처럼 날아간다

내 마르지 않는 정
저 깊은 곳에서 항상
펄펄 끓는 용암처럼 솟구치네

저 철새들처럼
한 울타리로
한 가족으로
한 마음으로
이 너른 세상 언제나 같이 다닌다면
무얼 먹어도 좋고
무얼 입어도 좋고
어디서 잠을 자건 행복하겠지

내 사랑

내 사랑은
슬픈 당신을 향해
피어나고

내 사랑은
버려진 당신을 위해
사랑하고

내 사랑은
슬프게 버려진 당신 때문에
행복합니다

너

너를 생각하며 사탕 하나 입에 물고
너를 위해 조용히 기도 한 번 올리고
너 때문에 난 시냇물처럼 졸졸거린다

넌 정녕
들꽃일 것이다
바람일 것이다
구름일 것이다
난 그러한 것들을 좇는
하늘을 나는 외기러기일 것이다

사랑의 불구자

거꾸로 솟구치는 알 수 없는 슬픔이
그것은 얼마나 큰 아픔이었는지
지금도 죽을 것 같이
가슴 속을 헤집고 파고들어 옵니다
그대가 준 이 커다란 형벌이
어찌 당신의 십자가만큼이나 크겠냐만은
전 이제 당신의 십자가를 알겠습니다
우리는 얼마나 크나큰 죄인인가를.....
무심코 주는 상처 하나도
서로에겐 큰 아픔이 됩니다
너희는 처음의 사랑을 버리지 마라
시련은 너희를 구하게 하리라
버려진 나로 인하여
버린 그대가 다시 구해진다면
전 달게 버려지겠습니다
그것은 아마도 십자가의 행복이겠지요
불구자가 되어 본 사람이
불구자를 구할 수 있습니다
어쩌면 우리는 모두가
불구자인지도 모릅니다
사랑의 불구자인지도 모릅니다

그러기에 우린 더욱더
서로를 사랑해야 합니다
아파했던 만큼 더욱더 사랑해야 합니다

나의 사랑

남들은 모두
저마다의 목표를 가지고
성공을 위해
성취를 위해 달려간다 했는데

나는
나 홀로
애초부터 너 하나의 사랑을 향해
미련스럽게도
고통스럽게도
그 사랑만을 보며
주위는 아무것도 보지 않고
무작정 신나게도 달려왔네

밤새 저 산을 넘어가야 한데도
죽을지도 모르는 거센 강물을 건넌다 해도
그러고서도 단 한 번만을 보고 죽는다 해도
그 산을 넘어왔고
그 강을 건너왔네

그렇게 달려온 이 두 다리가
지금은 쇠약해 휘청거려도
마지막 남은 힘을
또 그 사랑만을 위해 또 달려가리라

순수한 그대들에게

아직 가슴이 어린 순수한 그대들이여
너희가 지닌 그 착한 눈망울들을
함부로 쉽게 저버리지 말라
처음에 주어진 그대로 끝까지
그 순수한 하늘의 가르침대로
너희 삶 전부를 곱게 물들여다오

너희의 그 귀여운 미소가
주위의 아픈 상처들을 아물게 하도록
그래서 너희의 그 고운 사랑이
세상 모두에 고루고루 전하여 스미도록
영원히 밝은 마음을 가져다오

무인도

드문드문 떠 있는
푸른 바다 위에 몇몇 섬들
보석처럼 귀하다

때 묻지 않은
육지의 끝 한참 넘어 외딴곳

둥실 떠도는 하얀 구름처럼
신기루로 아롱지며
작은 낙원을 이룬다

온갖 사람들의
넝쿨로 뒤섞인 삶의 터전을 뒤로하고

무인도는
어떤 이름도 없이
꿋꿋이
하늘 아래 바다 위에
스스로 혼자 떠 있다

사랑이란

당신을 쳐다볼 때
저는 어릴 적 제 아기를 보듯 합니다
아무런 힘도 없이 주는 젖만 받아먹는
아기처럼 당신은 절 안쓰럽게 쳐다봅니다
말똥말똥한 눈으로 젖을 먹는 아기에게
무얼 못 주겠습니까

우리가 서로를
그런 아기 보는 눈으로
마주 본다면
이 세상에 어찌 아픔과 불행이 있을까요

나를 빼앗아 가는 사람
당신을 불쌍히 보는 사람
우리는 어느 쪽 어른이 되어
이 세상을 살아가고 있나요
아님 어느 쪽도 아닌 한 사람으로 살아가고 있나요

자신이 조금 더 아프고 더 힘들더라도
끝까지 서로를 보듬어 가는 하루를 살다 보면
우린 절대 혼자가 아닌
모두가 너와 나 하나로 되어
그렇게 하나 더하기 하나는 하나
사랑은 하나의 마음 그것으로 사는 게 아닐까요

가을의 기도

찬란한 가을날
한적한 공원 안에서
숨죽이며 돌이키는 과거는
때늦은 후회란 가혹한 형벌로
너무도 청명한 날에 이런 생각은
미처 상상하지 못했다

잘 짜여진 세상의 이치가
이토록 평범치 못한 자에게
순리를 역행한 미련으로 남을 줄이야
덧없이 마음만 키운 허영과 오만으로
진정한 사랑을 잡지 못한 아픔을
이 가을이 돼서야 아는구나

가을은 참 기도하고픈 계절인가보다
부모 품을 반항하듯 철없이 떠돌며
지난 여름날 변덕스런 장맛비를 지난 후에
정신 차린 날씨처럼
아프고 아픈 뒤에야
불효와 상처를 아는구나

짙은 후회는 반성할 줄 안다
더 늦기 전에
겨울이 오기 전
넓은 사랑을 가르쳐준 가을 하늘
가슴의 쓰린 눈물로 기도하며
남은 겨울을 작은 시인으로 살게 해 주소서

가을

높은 하늘 아래
넉넉한 인심이 흐르는 세상
미소가 절로 흐르는
눈부신 여인보다 더 아름다운 계절
너무 포근하여 감기는 눈
그 시간도 아깝다

세상도 불혹을 넘어
더욱 그 성숙한 모습으로
강산이 서로 어깨를 끌어안고
깊고 오묘한 빛을 발하며
형언할 수 없는 사랑의 희열처럼
가을은 짧지만 긴 여운으로
깊은 휴식처럼 누워있다

이별

사랑은 꿈만 같고
이별은 참으로 어리석은 일

세상은
우리를 사랑하게 하고
또 이별하게 한다

이별하지 않는 사랑을 하는 자는
세상에서 제일 현명한 사람이다

운명

내가 죽기 전까지
이 세상에 대한 자존심은
굳게 지켜갈 수 있으련만
앞으로 줄곧 차지할 수 없는
저민 가슴속에서 끓어오를
나 혼자만이 아닌
환상 같은 우리의 정열적 포옹은
끝내 죽음 같은 환희로운 만남일 뿐인가

삶은 언제나 단순한 생활로 남고
이상은 끝없는 바다만을 동경하고
병합할 수 없는 내 기도는 단지
우울한 혼자만의 독백이어서
막힌 가슴을 틔우는
가끔 부는 바람과 꿈의 노래
그대 그래도 가고 싶은 곳은
유유히 흐르는 강가, 평화로운 곳

고독했던 검은 먹구름과
방랑하던 외로운 폭풍우가
만나서 내리는 눈물 같은 비는
지금 천지를 뒤덮으며
잔뜩 가문 우리네 인정들
홍수로 떠밀며 휩쓸어 간다

가을 이야기

이제 가을의 전설이 되려 하는
우리의 이야기가
너무도 서글픕니다
그것은 결국 무시무시한 아픔으로
그 끝이 시퍼렇게 무딘 날이 선 장도리로
왼쪽 아래 가슴을 찢는
또 하나의 한이 되려 하고 있습니다
그러나 알고 있습니다
정녕 떠나가는 것은 빛도 어둠도 아닌
그렇게도 힘들었던 시간뿐이라는 것을
진정 가려 하는 곳은
지친 육체의 휴식뿐이라는 것을
그것이 곧 위안이 되어 내일은 한결
가벼운 발걸음으로
잔잔해진 호숫가를 걸어봅시다
그러면 다시 마음의 평안을 얻고
새로운 길을 열어
저마다의 소중한 시간을
다시 한번 가져 봅시다
그러면 삶도 죽음도 아닌 그 무엇이
진정 커다란 아름다움으로

우리 안을 가득 채우고
입가엔 그윽한 미소가 젖어
그대의 몸은 하늘의 향기로 피어오를 것입니다
그땐 과연 우리가 진심으로 원하던 곳으로 가서
다시는 떠날 수 없음을 알고
눈물로 지샌 지난날들을 부둥켜안고
상처 난 가슴을 쓰다듬어 줄 것입니다
사랑은 잠깐의 육체의 고달픔이 아니고
영원히 볼 수 있는 행복이기 때문이지요

눈

그대가 떠난다 하였을 때
겨울은 너무나
하얗게 눈부셨고 깨끗하였다
시린 미련이
눈 속의 발자취 뒤로
발걸음 뒤에 총총히 남겨졌다

처음 사랑이
첫눈 속에 파묻히고
그 다음 사랑이
다시 내린 눈 속에서 시작되었다

눈 내린 겨울
첫사랑이 가고
눈이 남아있는 그 해
다시 사랑은 시작되었다
그해 겨울은
유난히도 많은 눈이 내렸다
사랑처럼 많은 눈이 내렸다

함박눈

까만 밤하늘에서
하얀 꽃들이 쏟아진다
하늘서 만개한 무수한 꽃들이 떨어진다
이 추운 대지 위에 뿌려진
작은 눈들은 서로서로 부둥켜
세상천지를 하얀색으로 뒤덮고
하나의 모습으로
이 땅에 혹한의 추위를 견디며
모두 다 같이 한겨울을 인내 한다

아름다운 이별

이제 그대의 그림자마저
보내야 하겠네
깨끗이 보내려 했지만 미련은 어쩌지 못해
그대의 해말간 얼굴
둥근 보름달 위에 남겨 놓았네
하지만
그 얼굴마저 없어야
저 달도 보지 말아야
웃으면서 갈 수 있겠네
그래도
내 마음이라도 너에게 놓고
너의 마음이라도 내가 가져야
아프지 않겠네
아마도 죽을 때까지 잊지 못하겠지만
더 이상 가슴 아프지 마세
끝까지 잊지 못해야
그것만이 우리가 사랑했다 하겠네

달력

달력은 휴일도 없이
영원하게 간다
언제부터인지 그 출생은 잘 모르지만
앞으로의 그의 죽음은
훗날 어느 누가 기록할 것인지

길고 지루한 세월을 접고
지나온 그 발자취를 들춰보면
참으로 보잘것없는
낡은 휴짓조각이 되어 왔지만
가끔은 하늘도 반길 그런 날은
빨갛게 아주 예쁘게 입술을 그리고
옷은 한껏 치장하여
푸른 하늘나라로 모두 소풍 나간다

한 해를 보내며

또 한 해를 보내며
또 한 사람을 용서하게 되고
내 머물 수 없는 사랑은
또 하나의 새로운 꿈을 찾아 새 길을 나서네

지난 때 묻은 기억들
하나 둘 잊고 또 잊고
빛나는 새 해를 들뜨게 반기며
오늘은 다시 돌아온 사랑의 건배를 하려 하네

추운 겨울 나뭇잎들 떨어져
그 밑거름으로 또다시 새 나뭇잎을 만들고
얼었던 땅이 눈 부신 태양에 녹아
시냇물 되어 졸졸거리며 다시 대지를 적시듯

눈물같이 아팠던 사랑 다시 사랑으로 가슴에 흐르게 하면
우린 다시 어린아이가 되어 재롱부리며
아무 말 없이 서로를 부둥키고 어루만지는
애초의 그 시절로 돌아가 느끼는 환희의 기쁨으로
우린 모두 다시 형제가 되고 친구가 된다네

자 지금 또 한 해를 보내며
이젠 진정 그 따듯한 사랑의 포근함으로
잊었던 사랑의 재회를 맞이해 보세
저 뜨겁게 빛나는 태양의 가슴으로
그 정겨운 환한 미소로
서로를 그렁그렁 바라다보며 멀었던 잔을 가까이 마주 건네세

송종근 시집
인생은 사랑이다

초판 1쇄 _ 2016년 6월 16일
초판 발행 _ 2016년 6월 25일
지은이 _ 송종근
펴낸이 _ 양상구
펴낸곳 _ 도서출판 채운재
주소 _ 100-861 서울시 중구 충무로2가 49-8(서울빌딩 202호)
전화 _ 02-704-3301
팩스 _ 02-2268-3910
손전화 _ 010-5466-3911
이메일 _ ysg8527@naver.com

값 10,000원
파손 및 잘못된 책은 교환해 드립니다.